Blotter Roman

ABCDEFGHIJ
KLMNOPQRST
UVWXYZ
(&;!?$£)

abcdefghijklmno
pqrstuvwxyz

1234567890

A character map showing all the characters in this font appears on the reverse of this page. This is true for all fonts.   1

Blotter Roman

`	1	2	3	4	5	6	7	8	9	0	-	=
q	w	e	r	t	y	u	i	o	p	[	]	\
a	s	d	f	g	h	j	k	l	;	'		
z	x	c	v	b	n	m	,	.	/			

Shift

~	!		#	$	%	^	&	*	(	)	_	+
Q	W	E	R	T	Y	U	I	O	P	{	}	|
A	S	D	F	G	H	J	K	L	:	"		
Z	X	C	V	B	N	M	<	>	?			

Option

`	¡	™	£	¢				•	Ž	ž	–	
œ	Š	´	®	†	¥	¨	^	ø	Ý	"	'	«
å	ß	ł		©	·		·		…	æ		
€		ç		ý	˜	Ł						

Shift/Option

`			‹	›				•	·	,	—	
Œ	„	´		ˇ	Á	¨	^	Ø	š	"	'	»
Å	Í	Î	Ï	˝	Ó	Ô		Ò	Ú	Æ		
˛	˘	Ç	◆	˙	˜	Â	ˉ	˘	¿			

2

BUSHMAN

ABCDEFGHIJ
KLMNOPQRST
UVWXYZ
(&;!?$£)

"JUNGLE CAPTIVES"

1234567890

BUSHMAN

`	1	2	3	4	5	6	7	8	9	0	-	=
Q	W	E	R	T	Y	U	I	O	P	[	]	\
A	S	D	F	G	H	J	K	L	;	'		
Z	X	C	V	B	N	M	,	.	/			

Shift

~	!		#	?	%	^	&	*	(	)	_	+
Q	W	E	R	T	Y	U	I	O	P	{	}	|
A	S	D	F	G	H	J	K	L	:	"		
Z	X	C	V	B	N	M	<	>	?			

Option

`	¡	™	£	¢			|	·	Ž	Ž	–	
Œ	š	´	®		¥	¨	^	Ø	Ŷ	"	'	«
Å	Ł	©	·		°		…	Æ				
€	ç	Ý	~	Ł								

Shift/Option

`			‹	›			°	·	,	—		
Œ	„	´	ˇ	Á	¨	^	Ø	š	"	'	»	
Å	Í	Î	Ï	˝	Ó	Ô	Ò	Ú	Æ			
	ç	ı	~	Â	ˉ	˘	¿					

Crazy Daisy

ABCDEFGHIJ

KLMNOPQRST

UVWXYZ

(&;!?$£)

abcdefghijklmnop

qrstuvwxyz

1234567890

Crazy Daisy

`	1	2	3	4	5	6	7	8	9	0	-	=
q	w	e	r	t	y	u	i	o	p	[	]	\
a	s	d	f	g	h	j	k	l	;	'		
z	x	c	v	b	n	m	,	.	/			

Shift

~	!	@	#	$	%	^	&	*	(	)	_	+
Q	W	E	R	T	Y	U	I	O	P	{	}	|
A	S	D	F	G	H	J	K	L	:	"		
Z	X	C	V	B	N	M	<	>	?			

Option

`	¡	™	£	¢				•	Ž	ž	–	
œ	š	´	®	†	¥	¨	ˆ	ø	Ý	"	'	«
å	ß	ł		©	.		°		…	æ		
€		ç		ý	~	ł						

Shift/Option

`			‹	›				°	·	‚	—	
Œ	„	´		˜	Á	¨	ˆ	Ø	š	"	'	»
Å	Í	Î	Ï	˜	Ó	Ô		Ò	Ú	Æ		
	Ç	◆	‛	˜	Â		˜		¿			

DEVICE

ABCDEFGHIJKLMNOP
QRSTUVWXYZ

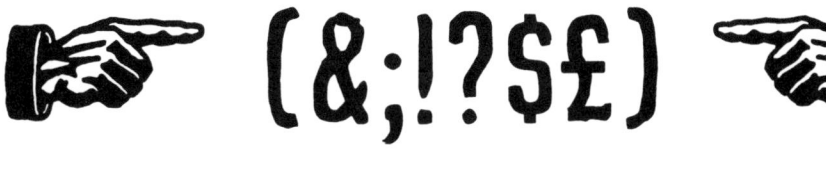 (&;!?$£)

ABCDEFGHIJKLMNOP
QRSTUVWXYZ

1234567890

DEVICE

`	1	2	3	4	5	6	7	8	9	0	-	=
Q	W	E	R	T	Y	U	I	O	P	[	]	\
A	S	D	F	G	H	J	K	L	;	'		
Z	X	C	V	B	N	M	,	.	/			

Shift

~	!		#	$	%	^	&	*	(	)	_	+
Q	W	E	R	T	Y	U	I	O	P	☞	☜	
A	S	D	F	G	H	J	K	L	:	"		
Z	X	C	V	B	N	M	<	>	?			

Option

`	¡	™	£	¢				•	Ž	Ž	–	
Œ	Š	´	®	†	¥	¨	^	Ø	Ý	"	'	«
Å		ł		©	·		°			…	Æ	
€		Ç		Ý	~	ł						

Shift/Option

`			‹	›				°	·	,	—	
Œ	„	´		ˇ	Á	¨	^	Ø	Š	"	'	»
Å	Í	Î	Ï	˝	Ó	Ô		Ò	Ú	Æ		
˛	˘	Ç	◆	ı	~	Â	-	˘	¿			

EVERGLADES

ABCDEFGHIJK
LMNOPQRST
UVWXYZ
(&;!?$£)

"RETURN OF THE SWAMP MONSTER"

1234567890

EVERGLADES

`	1	2	3	4	5	6	7	8	9	0	-	=
Q	W	E	R	T	Y	U	I	O	P	[	]	\
A	S	D	F	G	H	J	K	L	;	'		
Z	X	C	V	B	N	M	,	.	/			

Shift

~	!		#	$	%	^	&	*	(	)	_	+
Q	W	E	R	T	Y	U	I	O	P	{	}	|
A	S	D	F	G	H	J	K	L	:	"		
Z	X	C	V	B	N	M	<	>	?			

Option

`	¡	™	£	¢			•	Ž	Ž	–	
Œ	Ž	´	®	†	¥	¨	^	ø	Ý	"	'	«
Å		ł	©	·		°			…	Æ	
€		Ç		Ý	~	ł					

Shift/Option

`			‹	›			°	•	‚	—	
Œ	„	´		ˇ	Á	¨	^	ø	Ž	"	'	»
Å	Í	Î	Ï	˝	Ó	Ô		Ò	Ú	Æ	
¸	˛	Ç	◊	|	˜	Â	¯	˘	ł		

10

FINGERPAINT

ABCDEFGH
IJKLMNOPQRS
TUVWXYZ
(&;!?$£)

ABCDEFGHIJKLMN
OPQRSTUVWXYZ

1234567890

FINGERPAINT

`	1	2	3	4	5	6	7	8	9	0	-	=
Q	W	E	R	T	Y	U	I	O	P	[	]	\
A	S	D	F	G	H	J	K	L	;	'		
Z	X	C	V	B	N	M	,	.	/			

Shift

~	!		#	$	%	^	&	*	(	)	_	+
Q	W	E	R	T	Y	U	I	O	P	{	}	|
A	S	D	F	G	H	J	K	L	:	"		
Z	X	C	V	B	N	M	<	>	?			

Option

`	¡	™	£	¢			•	Ž	ž	–	
Œ	Š	´	®		¥	¨	^	ø	Ý	"	'	«
Å		Ł	©	·		°		…	Æ		
€		Ç		Ý	~	Ł					

Shift/Option

`			‹	›				°	•	‚	—	
Œ	„	´		ˇ	Á	¨	^	Ø	Š	"	'	»
Å	Í	Î	Ï	˜	Ó	Ô		Ò	Ú	Æ		
‚	‘	Ç		˛	˜	Â		˘	¿		

Gooseflesh

ABCDEFGH
IJKLMNOPQ
RSTUVWXYZ
☛ (&;!?$£) ☚

abcdefghijkl
mnopqrstuv
wxyz

1234567890

Gooseflesh

`	1	2	3	4	5	6	7	8	9	0	-	=
q	w	e	r	t	y	u	i	o	p	[	]	
a	s	d	f	g	h	j	k	l	;	'		
z	x	c	v	b	n	m	,	.	/			

Shift

~	!		#	$	%	^	&	*	(	)		_	+
Q	W	E	R	T	Y	U	I	O	P	☞	☜	|	
A	S	D	F	G	H	J	K	L	:	"			
Z	X	C	V	B	N	M	<	>	?				

Option

`	¡	™	£	¢				•	Ž	ž	–	
œ	Š	´	®	†	¥	¨	^	ø	Ý	"	'	«
å	ß	ł		©	·		°		…	æ		
€		ç		ý	~	Ł						

Shift/Option

`			‹	›				°	·	,	—	
Œ	„	´		ˇ	Á	¨	^	Ø	š	"	'	»
Å	Í	Î	Ï	″	Ó	Ô		Ò	Ú	Æ		
˛	˛	Ç	◆	ı	~	Â	¯	˘	¿			

Grumble

ABCDEFGHI
JKLMNOPQRST
UVWXYZ
(&:!?$£)

abcdefghijklmnop
qrstuvwxyz

W ☆ ✪ M

1234567890

Grumble

`	1	2	3	4	5	6	7	8	9	0	-	=
q	w	e	r	t	y	u	i	o	p	[	]	w
a	s	d	f	g	h	j	k	l	;	`		
z	x	c	v	b	n	m	,	.	/			

Shift

~	!		#	$	%	^	&	*	(	)	_	+
Q	W	E	R	T	Y	U	I	O	P	✦	✦	w
A	S	D	F	G	H	J	K	L	:	"		
Z	X	C	V	B	N	M	<	>	?			

Option

`	¡	™	£	¢				•	Ž	ž	–	/
æ	Š	´	®	†	¥	¨	^	ø	Ý	"	`	«
å	ß	↓		©	˙		˚		...	æ		
€		ç		ý	~	ł						

Shift/Option

`	`		‹	›				˚	•	‚	—	
Œ	„	´		˜	Á	¨	^	Ø	š	"	´	»
Å	Í	Î	Ï	˜	Ó	Ô		Ò	Ú	Æ		
˛	˛	Ç		˙	˜	Â		˘	ɜ			

16

INKJET

ABCDEFGHIJK
LMNOPQRST
UVWXYZ
(G:!?§£)

FASTEST CHECKOUT IN TOWN

1234567890

INKJET

`	1	2	3	4	5	6	7	8	9	0	-	=
Q	W	E	R	T	Y	U	I	O	P	[	]	\
A	S	D	F	G	H	J	K	L	;	'		
Z	X	C	V	B	N	M	,	.	/			

Shift

~	!	@	#	$	%	^	&	*	(	)	_	+
Q	W	E	R	T	Y	U	I	O	P	{	}		
A	S	D	F	G	H	J	K	L	:	"		
Z	X	C	V	B	N	M	<	>	?			

Option

`	å	™	£	¢			•	Ž	Ž	—
Œ	Š	´	®		¥	¨	^	Ø	Ý	"	'	«
Å		Ł	©	·		°		…	Æ	
€		Ç		Ý	~	Ł				

Shift/Option

`			<	>				º		¡	—
Œ	‰	´		ˇ	Á	¨	^	Ø	Š	"	'	»
Å	Í	Î	Ï	"	Ó	Ô		Ò	Ú	Æ	
¸	˛	Ç		I	~	Â	¯	˘	¿	

kidprint

ABCDEFGH
IJKLMNOPQR
STUVWXYZ

(&;!?$£)

abcdefghijklmn
opqrstuvwxyz

1234567890

Kidprint

`	1	2	3	4	5	6	7	8	9	0	-	=
q	w	e	r	t	y	u	i	o	p	[	]	\
a	s	d	f	g	h	j	k	l	;	'		
z	x	c	v	b	n	m	,	.	/			

Shift

~	!	@	#	$	%	^	&	*	(	)	_	+
Q	W	E	R	T	Y	U	I	O	P	{	}	|
A	S	D	F	G	H	J	K	L	:	"		
Z	X	C	V	B	N	M	<	>	?			

Option

`	¡	™	£	¢		₂	¶	•	Ž	ž	–	
œ	Š	´	®	†	¥	¨	ˆ	ø	ý	"	'	«
å	ß	ł		©	·		°			…	æ	
€		ç	√	ý	˜	Ł						

Shift/Option

`			‹	›				°	·	,	—	
Œ	„	´		ˇ	Á	¨	ˆ	Ø	š	"	'	»
A	Í	Î	Ï	˝	Ó	Ô		Ò	Ú	Æ		
˛	Ç		˙	˜	Â		˘	¿				

20

LAYOUT GOTHIC

ABCDEFGH
IJKLMNOPQRS
TUVWXYZ

(&¡!?$£)

ABCDEFGH
IJKLMNOPQRS
TUVWXYZ

1234567890

LAYOUT GOTHIC

`	1	2	3	4	5	6	7	8	9	0	-	=
Q	W	E	R	T	Y	U	I	O	P	[	]	
A	S	D	F	G	H	J	K	L	;	'		
Z	X	C	V	B	N	M	,	.	/			

Shift

~	!		#	$	%	^	&	*	(	)	_	+
Q	W	E	R	T	Y	U	I	O	P	{	}	
A	S	D	F	G	H	J	K	L	:	"		
Z	X	C	V	B	N	M	<	>	?			

Option

´	¡	™	£	¢				•	Ž	Ž	–	
Œ	Š	´	®		¥	¨	ˆ	Ø	Ý	"	`	«
Å	Ł		©	·		°			…	Æ		
€	Ç		Ý	~	Ł							

Shift/Option

ˋ		‹	›					°	·	,	—	
Œ	„	ˉ		ˇ	Á	¨	ˆ	Ø	Š	"	'	»
Å	Í	Î	Ï	″	Ó	Ô		Ò	Ú	Æ		
	Ç		I	~	Â		-	˘	¿			

Loveletter

ABCDEFGH
IJKLMNOPQRS
TUVWXYZ
(&;!?$£)
abcdefgh
ijklmnopqrs
tuvwxyz
1234567890

Loveletter

`	1	2	3	4	5	6	7	8	9	0	-	=
q	w	e	r	t	y	u	i	o	p	[	]	\
a	s	d	f	g	h	j	k	l	;	'		
z	x	c	v	b	n	m	,	.	/			

Shift

~	!		#	$	%	^	&	*	(	)	_	+
Q	W	E	R	T	Y	U	I	O	P	{	}	
A	S	D	F	G	H	J	K	L	:	"		
Z	X	C	V	B	N	M	<	>	?			

Option

˜	¡	™	£	¢				•	Ž	ž	—	
œ	Š	´	®	†	¥	¨	^	ø	Ý	"	'	«
å	ßf	ł	©	·		°			…	æ		
€		ç		ý	˜	Ł						

Shift/Option

˜			‹	›				°		˛	—	
Œ	„	´		˜	Á	¨	^	Ø	š	"	'	»
Å	Í	Î	Ï	˝	Ó	Ô		Ò	Ú	Æ		
	Ç		ı	˜	Â			¿				

MUDDY WATER

ABCDEFGHIJKLM
NOPQRSTUV
WXYZ

(&;!?$£)

ABCDEFGHIJKLM
NOPQRSTUV
WXYZ

1234567890

MUDDY WATER

`	1	2	3	4	5	6	7	8	9	0	-	=
Q	W	E	R	T	Y	U	I	O	P	[	]	\
A	S	D	F	G	H	J	K	L	;	'		
Z	X	C	V	B	N	M	,	.	/			

~	!		#	$	%	^	&	*	(	)	_	+
Q	W	E	R	T	Y	U	I	O	P	{	}	|
A	S	D	F	G	H	J	K	L	:	"		
Z	X	C	V	B	N	M	<	>	?			

Option

`	¡	™	£	¢			¶	•	Ž	Ž	–
Œ	˘	´	®	†	¥	¨	^	ø	Ý	"	'	«
Å	ł	©	˙		˚			…	Æ	
€	Ç		Ý	~	ł					

Shift/Option

`			‹	›				°	·	,	—
Œ	„	´		ˇ	Á	¨	^	ø	˘	"	'	»
Å	Í	Î	Ï	˝	Ó	Ô		Ò	Ú	Æ	
	¸	Ç		¦	~	Â	¯		¿		

Nervous Nellie

ABCDEFGH
IJKLMNOPQRS
TUVWXYZ
(&;!?$£)

abcdefghijklmn
opqrstuvwxyz

1234567890

Nervous Nellie

`	1	2	3	4	5	6	7	8	9	0	-	=
q	w	e	r	t	y	u	i	o	p	[	]	\
a	s	d	f	g	h	j	k	l	;	'		
z	x	c	v	b	n	m	,	.	/			

Shift

~	!		#	$	%	^	&	*	(	)	_	+
Q	W	E	R	T	Y	U	I	O	P	{	}		
A	S	D	F	G	H	J	K	L	:	"		
Z	X	C	V	B	N	M	<	>	?			

Option

`	¡	™	£	¢			•	Ž	ž	–	
œ	Š	´	®	†	¥	¨	^	ø	Ý	"	'	«
å	ß	∫		©	·	°		…	æ			
€		ç		ý	~	ł						

Shift/Option

`			«	»			°	·	,	—	
Œ	„	´		ˇ	Á	¨	^	Ø	š	"	'	»
Å	Í	Î	Ï	˝	Ó	Ô		Ò	Ú	Æ		
˛	˛	Ç	◆	ı	~	Â	ˉ	˘	¿			

NINJA

ABCDEFGH
IJKLMNOPQ
RSTUVWXYZ
(&;!?$£)

ABCDEFGHI
JKLMNOPQR
STUVWXYZ

1234567890

NINJA

`	1	2	3	4	5	6	7	8	9	0	-	=
Q	W	E	R	T	Y	U	I	O	P	[	]	\
A	S	D	F	G	H	J	K	L	;	'		
Z	X	C	V	B	N	M	,	.	/			

Shift

~	!		#	$	%	^	&	*	(	)	_	+
Q	W	E	R	T	Y	U	I	O	P	{	}		
A	S	D	F	G	H	J	K	L	:	"		
Z	X	C	V	B	N	M	<	>	?			

Option

`	¡	™	£	¢				•	Ž	Ž	–	
Œ	Š	´	®	†	¥	¨	^	ø	Ý	"	'	«
Å		ł	©	·		°			…	Æ		
€		ç	ý	~	ł							

Shift/Option

`			‹	›				°	•	,	—	
Œ	„	´		ˇ	Á	¨	^	Ø	Š	"	'	»
Å	Í	Î	Ï	″	Ó	Ô		Ò	Ú	Æ		
˛	˛	Ç	◆	ı	~	Â	¯	˘	¿			

Pelham Bold

ABCDEFGH
IJKLMNOPQR
STUVWXYZ

(&¡!?#$£)

abcdefghijklmn
opqrstuvwxyz

1234567890

Pelham Bold

`	1	2	3	4	5	6	7	8	9	0	-	=
q	w	e	r	t	y	u	i	o	p	[	]	☆
a	s	d	f	g	h	j	k	l	;	'		
z	x	c	v	b	n	m	,	.	/			

Shift

~	!		#	$	%	^	&	*	(	)	_	+
Q	W	E	R	T	Y	U	I	O	P	⇦	⇦	☆
A	S	D	F	G	H	J	K	L	:	"		
Z	X	C	V	B	N	M	<	>	?			

Option

`	¡	™	£	¢		☆		•	Ž	ž	–	
œ	Š	´	®	†	¥	¨	^	ø	Ý	"	'	«
å	ß	ł	©	·		°			…	œ		
€		ç		ý	~	ł						

Shift/Option

`			‹	›				°	·	,	—	
Œ	„	´		ˇ	Á	¨	^	Ø	š	"	'	»
Å	Í	Î	Ï	˜	Ó	O	Ò	Ú	Æ			
˛	˘	Ç		˙	~	Â	ˉ	ż				

32

Penciling

ABCDEFGHIJKL
MNOPQRSTUV
WXYZ
(&;!?$£)

abcdefghijklmnop
qrstuvwxyz

ᛗ ᚦ ✦ ✝ ⊣ ᛗ

1234567890

Penciling

`	1	2	3	4	5	6	7	8	9	0	-	=
q	w	e	r	t	y	u	i	o	p	[	]	\
a	s	d	f	g	h	j	k	l	;	'		
z	x	c	v	b	n	m	,	.	/			

Shift

~	!	@	#	$	%	^	&	*	(	)	_	+
Q	W	E	R	T	Y	U	I	O	P	→	←	✹
A	S	D	F	G	H	J	K	L	:	"		
Z	X	C	V	B	N	M	<	>	?			

Option

`	¡	™	£	¢			•	Ž	ž	–	
œ	š	´	®	†	¥	¨	^	ø	Ý	"	'	«
å	ß	‡	©	·		°			…	æ	
€		ç		ý	~	Ł						

Shift/Option

`			‹	›				°			,	—	
Œ	„	´		ˇ	Á	¨	^	Ø	š	"	'	»
Å	Í	Î	Ï	˜	Ó	Ô		Ò	Ú	Æ	
‚	‘	ç			¦	~	Â		¯	˘	¿	

34

RANSOM NOTE REVERSED

ABCDEFGHIJKLMNOP

QRSTUVWXYZ

[(&;!?$£)]

aBCDefghijkLMNOP

QRStuvwxyz

iS youR BRokeR HoLDiNg you
foR RaNSoM?

1234567890

RaNSoM NoTe ReVeRSeD

`	1	2	3	4	5	6	7	8	9	0	-	=
Q	W	e	R	t	y	u	i	O	P	[	]	\
a	S	Ð	f	g	h	J	K	L	;	'		
Z	X	C	V	B	N	M	,	.	/			

Shift

~	!	@	#	Ś	%	^	&	*	(	)			+
Q	W	E	R	T	Y	U	I	O	P	{	}		
A	S	D	F	G	H	J	K	L	:	"		
Z	X	C	V	B	N	M			?			

Option

`	¡	™	£	¢		Ő	Ű	◌	Ž	Ź	–	
Œ	Š	´	®	Ť	¥	¨	^	ø	Ý	"	'	«
Å	Ś	Ł	Ę	©	·	Ż	·	Ď	▪	Æ		
€	Ż	Ç	Ą	Ý	~	Ł	Ń	Ŕ	Ů			

Shift/Option

`	Č	Ď	Ě	Ñ		Ĺ	◌	Ŀ	!	—	Ć
Œ	ʻ	´	R	ˇ	Á	¨	^	ø	Š	"	»
Å	Ÿ	Î	Ý	˝	Ó	Ô	Ŏ	Ű	Æ		
˛	Ç	◌	Ï	~	Â	—	˘	Ż		

Rumpled Roman

ABCDEFGH
IJKLMNOPQRS
TUVWXYZ
(&;!?$£)

abcdefghijklmn
opqrstuvwxyz

1234567890

Rumpled Roman

`	1	2	3	4	5	6	7	8	9	0	-	=
q	w	e	r	t	y	u	i	o	p	[	]	\
a	s	d	f	g	h	j	k	l	;	'		
z	x	c	v	b	n	m	,	.	/			

Shift

~	!		#	$	%	^	&	*	(	)	_	+
Q	W	E	R	T	Y	U	I	O	P	{	}	|
A	S	D	F	G	H	J	K	L	:	"		
Z	X	C	V	B	N	M	<	>	?			

Option

`	¡	™	£	¢			¶	•	Ž	ž	–
œ	Š	´	®	†	¥	¨	^	ø	Ý	"	'	«
å	ß	ł		©	·		°			…	æ	
€		ç		ý	~	Ł						

Shift/Option

`			‹	›				°	•	,	—	
Œ	„	´		˘	Á	¨	^	Ø	š	"	'	»
Å	Í	Î	Ï	˝	Ó	Ô		Ò	Ú	Æ		
ˌ	˛	Ç	◆	ı	~	Â	¯	˘	¿			

Sweetheart

ABCDEFGHIJ
KLMNOPQRSTUV
WXYZ

(&¡!?$£)

abcdefghijklmnop
qrstuvwxyz

☆ ♡ ♡→ ☆

1234567890

Sweetheart

`	1	2	3	4	5	6	7	8	9	0	-	=
q	w	e	r	t	y	u	i	o	p	[	]	☆
a	s	d	f	g	h	j	k	l	;	'		
z	x	c	v	b	n	m	,	.	/			

Shift

~	!	@	#	$	%	^	&	*	(	)	_	+
Q	W	E	R	T	Y	U	I	O	P	♡	❤	☆
A	S	D	F	G	H	J	K	L	:	"		
Z	X	C	V	B	N	M	<	>	?			

Option

`	¡	™	£	¢				•	Ž	ž	—	
œ	Š	´	®		¥	¨	^	ø	Ý	"	'	«
å	ß	∫	©	·		°			…	æ		
€		ß		ǵ	~	ƒ						

Shift/Option

`			‹	›				°	·	‚	—	
Œ	„	¯		ˇ	Á	¨	^	Ø	š	"	'	»
Å	Í	Î	Ï	˝	Ó	Ô		Ò	Ú	Æ		
¸	˛	Ç		˙	~	Â		˘	¿			

40

Threadneedle

ABCDEFGHI
JKLMNOPQRS
TUVWXYZ

(& ; ! ? $ £)

abcdefghijklmn
opqrstuvwxyz

1234567890

Threadneedle

`	1	2	3	4	5	6	7	8	9	0	-	=
q	w	e	r	t	y	u	i	o	p	[	]	\
a	s	d	f	g	h	j	k	l	;	'		
z	x	c	v	b	n	m	,	.	/			

Shift

~	!		#	$	%	^	&	*	(	)	_	+
Q	W	E	R	T	Y	U	I	O	P	{	}	|
A	S	D	F	G	H	J	K	L	:	"		
Z	X	C	V	B	N	M	<	>	?			

Option

`	¡	™	£	¢				•	ˇ	ž	–	
æ	Š	´	®		¥	¨	ˆ	ø	Ý	"	'	«
å	ß	ℓ		©	˙		˚		…	æ		
€		ç		ÿ	˜	Ł						

Shift/Option

`			‹	›				˚	•	‚	—	
Œ	„	ˉ		˜	Â	¨	ˆ	Ø	Š	"	'	»
Å	Í	Î	Ï	″	Ó	Ô		Ò	Ú	Æ		
	¸	Ç		˛	˜	Â	ˉ	˘	¿			

42

Versatile Script

ABCDEFGHIJ
KLMNOPQRSTU
VWXYZ
(&;!?$£)

abcdefghijklmnop
qrstuvwxyz

1234567890

Versatile Script

`	1	2	3	4	5	6	7	8	9	0	-	=
q	w	e	r	t	y	u	i	o	p	[	]	\
a	s	d	f	g	h	j	k	l	;	'		
z	x	c	v	b	n	m	,	.	/			

Shift

~	!		#	$	%	^	&	*	(	)	_	+
Q	W	E	R	T	Y	U	I	O	P	{	}	|
A	S	D	F	G	H	J	K	L	:	"		
Z	X	C	V	B	N	M	<	>	?			

Option

`	¡	™	£	¢				•	Ž	ž	–	
œ	Š	´	®		¥	¨	ˆ	ø	Ý	“	‘	«
å	ß	ƒ		©	˙		˚		…	æ		
€		ç		ý	˜	ł						

Shift/Option

`			‹	›				°	·	‚	—	
Œ	„	´		ˇ	Á	¨	ˆ	Ø	š	”	’	»
Å	Í	Î	Ï	˝	Ó	Ô		Ò	Ú	Æ		
¸	˛	Ç		ı	˜	Â	¯	˘	¿			

Warehouse Gothic

ABCDEFGHI
JKLMNOPQRS
TUVWXYZ
(&;!?$£)

abcdefghijklmno
pqrstuvwxyz

1234567890

Warehouse Gothic

`	1	2	3	4	5	6	7	8	9	0	-	=
q	w	e	r	t	y	u	i	o	p	[	]	\
a	s	d	f	g	h	j	k	l	;	'		
z	x	c	v	b	n	m	,	.	/			

Shift

~	!		#	$	%	^	&	*	(	)	_	+
Q	W	E	R	T	Y	U	I	O	P	{	}	|
A	S	D	F	G	H	J	K	L	:	"		
Z	X	C	V	B	N	M	<	>	?			

Option

~	¡	™	£	¢			•	Ž	ž	–		
œ	Š	´	®		¥	¨	^	ø	Ý	"	'	«
å	ß	ł		©	·		°		…	æ		
€		ç		ý	~	Ł						

Shift/Option

~			‹	›				°			—	
Œ		´		ˇ	Á	¨	^	Ø	š	"	'	»
Å	Í	Î	Ï	˝	Ó	Ô		Ò	Ú	Æ		
	Ç		˙	~	Â	¯	˘		¿			

Whirligig

ABCDEFGHI
JKLMNOPQRST
UVWXYZ

(&;!?$£)

abcdefghijklmnop
qrstuvwxyz

1234567890

Whirligig

`	1	2	3	4	5	6	7	8	9	0	-	=
q	w	e	r	t	y	u	i	o	p	[	]	\
a	s	d	f	g	h	j	k	l	;	'		
z	x	c	v	b	n	m	,	.	/			

Shift

~	!		#	$	%	^	&	*	(	)	_	+
Q	W	E	R	T	Y	U	I	O	P	{	}	|
A	S	D	F	G	H	J	K	L	:	"		
Z	X	C	V	B	N	M	<	>	?			

Option

`	¡	™	£	¢			¶	•	Ž	ž	–	
œ	Š	´	®	†	¥	¨	^	ø	Ý	"	'	«
å	ß	¦		©	•		°		…	æ		
€		ç		ý	~	ł						

Shift/Option

`			‹	›				°	•	‚	—	
Œ	„	ˊ		ˇ	Á	¨	^	Ø	š	"	'	»
Å	Í	Î	Ï	˝	Ó	Ô		Ò	Ú	Æ		
˛	˛	Ç	◆	ı	~	Â		˘	¿			